Opuscula
Band 51

Franz Josef Wetz

Tübinger Triade

Zum Werk von
Walter Schulz

Neske

Alle Rechte vorbehalten
© Verlag Günther Neske
Pfullingen 1990
Satz und Druck bei
Laupp & Göbel,
Nehren/Tübingen.
Gebunden bei
Heinr. Koch, Tübingen.
Printed in Germany
ISBN 3 7885 0325 4

Einleitung
Seite 7

Das geistesgeschichtliche Umfeld
Seite 11

Ende der Metaphysik
Seite 11

Vorherrschaft der Wissenschaft
Seite 13

Auflösung der Subjektivität
Seite 14

Zusammenbruch
der Geschichtsphilosophie
Seite 16

Einstellung der Negativität
Seite 17

Der Grundgedanke des »Schwebens«
Seite 21

Die Grundstruktur der Triade
Seite 31

Einleitung

Wo haben die Menschen ihren Ort? Im physischen Weltall, in der geschichtlichen Lebenswelt oder in der weltlosen Innerlichkeit? Können sie dort, wo sie sich aufhalten, Halt finden? Können sie irgendwo zu Hause sein oder sind sie von Hause aus Unbehauste? Sind sie erst modern Unbehauste geworden oder sind die – als von Hause aus Unbehauste – in der Moderne nur geworden, was sie auf ihrem Grunde schon immer waren?
Im Ausgang von solch radikaler Nachfrage entwickelt der Tübinger Philosoph Walter Schulz einen überzeugenden Grundgedanken. Jeder bedeutende Philosoph denkt aus einem einzigen Grundgedanken heraus. Dieser ist aber nie mit einem Schlage, sondern stets nur in prismatischen Brechungen gegeben. In den meisten Fällen bündeln sich die prismatischen Brechungen, in denen der eine Grundgedanke erscheint, zu einer Reihe von Schriften. Schulz hat im Laufe der letzten zehn Jahre drei eindrucksvolle Werke der Öffentlichkeit vorgelegt: ›Ich und Welt‹ (1979), ›Metaphysik des Schwebens‹ (1985) und ›Grundprobleme der Ethik‹ (1989). Kein ernsthaft philosophisch Interessierter kann an diesen drei Werken achtlos vorübergehen.
Die drei Werke gehen nicht unverbunden nebeneinander her. Sie stehen durch einen gemeinsamen Grundgedanken in einem inneren Zusammenhang. Die Folge der

drei Werke bildet eine Triade. In der Verschiedenheit der drei Werktitel bekundet sich aber nicht die allmähliche Ausbildung des zunächst noch nicht festgestellten und abgeschlossenen Grundgedankens. Er liegt in Wahrheit bereits in ›Ich und Welt‹ im Ansatz vor. Aus diesem Ansatz wird in der Folge die ›Metaphysik des Schwebens‹ entspringen. In ihr erwirkt Schulz von seinem Grundgedanken ein durchgreifendes Verständnis. Hier kommt er über ihn endgültig ins klare. Während Schulz in der ›Metaphysik des Schwebens‹ vor allem die moderne Kunst als solche und die Ästhetik ins Blickfeld rückt, in der sich auf ausgezeichnete Weise sein Grundgedanke realisiert, legt er in ›Grundprobleme der Ethik‹ die Geschichte der Ethik von diesem Grundgedanken her aus. Hierbei führt er die niemals endgültig zu klärenden Grundprobleme der Ethik auf diesen Grundgedanken zurück und zeigt, wie sie sich mit geradezu ostentativer Zwangsläufigkeit aus ihm ergeben und warum sie auf keine endgültige Klärung hoffen können.

Mit dem in der Triade zur Spruchreife gebrachten Grundgedanken setzt sich Schulz in gewisser Hinsicht von seinen früheren Werken ab, von denen innerhalb der Gegenwartsphilosophie vor allem ›Die Vollendung des Deutschen Idealismus in der Spätphilosophie Schellings‹ (1955), ›Der Gott der neuzeitlichen Metaphysik‹ (1957) und ›Philosophie in der veränderten Welt‹ (1972) eine herausragende Stellung einnehmen. So bedeutsam und für das Studium der Philosophie unverzichtbar diese Werke auch sein mögen, zu seinem eigenen Grundgedanken und mithin philosophisch zu sich selbst hat Schulz erst in der Triade gefunden. Mögen auch die obengenannten Schriften viele Überlegungen und Aspekte bereits enthalten, die für den erst nachmals entwickelten Grundgedanken konstitutiv sind, so bildet sich doch dieser erst in der Triade heraus. Bevor wir uns nun dem Grundgedanken von Schulz annähern wollen, sei das geistesgeschichtliche Umfeld abgeschritten, in das er ihn placiert.

Das geistesgeschichtliche Umfeld

Der Grundgedanke von Schulz ist unlöslich mit einer Diagnose der Gegenwart verbunden. Fünf Punkte sind für die Gegenwart charakteristisch: Ende der Metaphysik, Vorherrschaft der Wissenschaft, Auflösung der Subjektivität, Zusammenbruch der Geschichtsphilosophie und Einstellung der Negativität.

Ende der Metaphysik

Die Zeiten der traditionellen Metaphysik sind unwiederbringlich dahin. Metaphysische Totalsysteme und geschlossene Weltdeutungen gelten gegenwärtig weithin als obsolet. Sie stellen kaum noch eine wirksame Macht dar. Das antik-griechische, das mittelalterlich-christliche und das neuzeitlich-vernunftphilosophische Denken ist aufs Ganze gesehen überholt. Während den antiken Griechen die Welt als ein selbstgenügsamer, zeitlich anfangs- und endlos bestehender anschaulicher Ordnungszusammenhang aus naturhaften Dingen aufgeht, zeigt sich im christlichen Mittelalter die Welt als ein von Gott aus freien Stücken und mit Weisheit hervorgebrachtes vergängliches Faktum. Ähnlich wie für die Griechen ist auch für die mittelalterlichen Denker die

Welt ein sinnvolles Ordnungsgefüge. Im Gegensatz aber zur griechischen Weltauffassung besteht nach christlichem Weltverständnis das Ganze des Seienden weder aus sich heraus noch zeitlich anfangs- und endlos. Die Welt, die dank des göttlichen Schöpferwillens existiert, hat einmal zu existieren begonnen und wird einmal wieder vergehen. Auch die neuzeitliche Vernunftphilosophie sieht in die Welt eine umgreifende Ordnung hinein, die sie jedoch im Unterschied zu den Griechen nicht in der Natur selbst und im Unterschied zu den mittelalterlichen Denkern nicht in einem weltjenseitigen Gott, sondern in der Vernunft oder absoluten Subjektivität verankert. Alle drei Formationen verstehen unter der Welt einen sinnvollen Ordnungszusammenhang, den sie auf unterschiedliche Ursprungsmächte – Natur, Gott, Vernunft – zurückführen. Die Metaphysiken, die die Welt als ein sinnvolles Ganzes begreifen, sind positive Metaphysiken. Sie werden in der Moderne durch negative Metaphysiken abgelöst. Die negativen Metaphysiken stellen das Ganze des Seienden unter das Zeichen der Sinnlosigkeit. In der Gegenwart allerdings werden tendenziell sowohl die positiven als auch die negativen Metaphysiken verworfen. Zwar setzt sich der Gedanke von der Sinnlosigkeit des Ganzen zunehmend durch. Skepsis herrscht aber nicht nur in bezug auf die Deutung der Welt als eines sinnvollen Ordnungsganzen, sondern gegenüber jeder metaphysischen Gesamtauslegung, gleichviel, ob sie positiv oder negativ ausfällt. Wir bewegen uns in einem Zeitalter, wo die traditionelle Metaphysik welcher Prägung auch immer zu Ende ist. Dies ist – so

Schulz – als »ein geschichtliches Faktum anzuerkennen.«

Vorherrschaft der Wissenschaft

So wenig die traditionelle Metaphysik unserer Epoche ihr Gepräge verleiht, so sehr stellt die moderne Wissenschaft die eigentlich bestimmende Größe unseres Zeitalters dar. Die herkömmliche Metaphysik verdankt nicht zuletzt den Erfolgen der modernen Wissenschaften ihr Scheitern. Sie schieben die Metaphysik als unfruchtbar zur Seite und ersetzen sie durch wissenschaftliche Forschung. In weltanschaulicher Hinsicht macht der fortschreitende Prozeß der »Verwissenschaftlichung« aber nicht nur der Metaphysik, sondern auch der Philosophie insgesamt, der Religion und der Kunst ihren Rang streitig. Zwar ist mittlerweile das emphatische Vertrauen in den Fortschritt der Wissenschaft und Technik fraglich geworden, die Verwissenschaftlichung und Technisierung der Natur gehen aber geradezu unaufhaltsam weiter. Dabei machen sie auch vor der alltäglichen Lebenswelt nicht Halt. Die die Welt im Ganzen entzaubernde Wissenschaft und Technik dringen immer tiefer in die Lebenswelt ein und bestimmen hierbei auf vielfältige Weise unseren Umgang mit uns selbst, den anderen und den Dingen. Allerdings ist es ganz aussichtslos, sich gegen die objektivierenden Wissenschaften zu stellen. Mit einer antiwissenschaftlichen Einstellung ist kein Durchkommen. Die Ergebnisse der Forschung sind anzuerkennen, nicht aber ihre unhinterfragte Anwendung. Heute ist weder eine Distanzierung und Relativierung noch eine konstitutionstheoretische Begründung der Wissenschaft durch die Philosophie gefragt. Die Aufgabe der Philosophie beschränkt sich darauf zu begreifen, was in den die Lebenswelt und Natur beherrschenden Wissenschaften geschieht.

Auflösung der Subjektivität

Dem Abbau der traditionellen Metaphysik und dem Prozeß der Verwissenschaftlichung geht eine allmähliche Auflösung der menschlichen Subjektivität einher. Während sich im antiken Griechentum der Mensch in eine Halt und Orientierung gebende und von Natur aus bestehende sinnvolle Ordnung eingefügt begreift, versteht er sich im christlichen Mittelalter als Krone der Schöpfung und Ebenbild Gottes. Der Mensch, der durch Gott mit der Welt vermittelt wird, soll sich nicht so sehr auf die Welt, als vielmehr auf Gott beziehen. Zwar ist der Mensch ein Fremdling in der Welt, an die er sein Herz nicht hängen soll, zugleich aber auch ein Teil der von Gott mit Weisheit geschaffenen Schöpfungsordnung. Dagegen erfährt sich der Mensch in der Neuzeit nicht mehr als in eine von der Natur oder von Gott her vorgegebene Ordnung eingegliedert und getragen. In der neuzeitlichen Vernunftphilosophie zerbricht die vorgegebene Ordnung. Ihre Herstellung wird nun zur Aufgabe des sich aus dem Ganzen aussondernden Menschen selbst. Hier enthüllt der Mensch auf seinem Grunde eine von allem Naturhaften unterschiedene absolute Subjektivität. Diese setzt sich zum einen als souveräne Freiheit zur Weltgestaltung und zum anderen als Konstitutionsgrund des umfassenden Sinnzusammenhangs Welt. In der Folge allerdings ist die absolute Subjektivität zum Scheitern verurteilt. Zunehmend drängt sich das Bewußtsein von der Endlichkeit der menschlichen Subjektivität auf. Das Freiheits- und Bedingtheitsbewußtsein gehen ineinander über. Das je vereinzelte endliche Subjekt begegnet sich als sich selbst zugefallen, als etwas, das ohne sein Zutun für eine befristete Dauer einfach da ist und während dieser Zeit sein Leben selbst zu führen hat. Es kann sich nicht mehr aus dem Ganzen herausnehmen. Überdies erfährt es sich als von unterschiedlichen Faktoren abhängig. So versteht es sich etwa als das Produkt gesellschaftlich-ökonomischer Verhältnisse oder als das Produkt der natürlichen Evolution des Lebens oder als das Produkt seines Leibes, seiner Triebschicht und seines Unbewußten. Aber damit nicht genug. In der Gegenwart ist nicht nur die absolute Subjektivität, sondern auch die von vielfältigen Faktoren abhängige endliche Subjektivität in Verruf geraten. Es wird bestritten, daß es überhaupt so etwas wie Subjektivität gibt. Hier scheint sich das menschliche Subjekt zu zersetzen und seine noch so begrenzte und bedingte Eigenständigkeit und Selbstgegebenheit aufzulösen. Was verbleibt, ist ein Anderes seiner selbst. Das in sich selbst zerfallende Subjekt weiß sich als von anonymen und unverfügbaren Mächten und Größen gelebt und ereignet. So enthüllt es sich zuletzt etwa als ein vorübergehender Modus und Auswurf der blinden Materie oder als ein Effekt einer zur Eigenständigkeit hinaufgesteigerten Sprache. Nicht der Mensch spricht eine Sprache, sondern die Sprache spricht den Menschen.

Zusammenbruch der Geschichtsphilosophie

Mit dem Abbau der traditionellen Metaphysik, dem Prozeß der Verwissenschaftlichung und der Auflösung der Subjektivität geht ferner der Zusammenbruch der Geschichtsphilosophie einher. Das antike Denken kennt strenggenommen keine Geschichtsphilosophie. Es räumt der Natur gegenüber der Geschichte einen Vorrang ein. Erst das Christentum bringt eine Neuorientierung. Gott ist der Herr der auf eine letzte Erfüllung hin ausgerichteten Geschichte – der Weltgeschichte, der Heilsgeschichte und der sich zwischen Gott und dem Einzelmenschen zutragenden persönlichen Geschichte. In der Neuzeit jedoch wird Gott von der Vernunft oder dem Weltgeist abgelöst. Nun gilt die Vernunft als der eigentliche Akteur der Geschichte. Nach dem Ende der Metaphysik tritt entweder der Mensch oder die Geschichte selbst als das Subjekt der Geschichte auf. Allgemein ist in der neuzeitlichen Geschichtsphilosophie die Idee des Fortschritts leitend. Der Gedanke von der Geschichte als eines Fortschrittgeschehens ist jedoch gegenwärtig keine wirksame Macht mehr. Aber nicht nur der Fortschrittsbegriff, sondern auch die Vorstellung von der einen Universalgeschichte gehören mittlerweile tendenziell der Vergangenheit an. An die Stelle des Kollektivsingulars die Geschichte ist die Vorstellung einer Vielfalt mehr oder weniger zusammenhängender synchroner und diachroner Geschichten getreten. Es gibt kein Geschichtssubjekt – Gott, Weltgeist, Ich –, das die sich vielfältig überkreuzenden und parallel nebeneinander herlaufenden Geschehensfolgen lenkt oder überblickt. Zwar sind die Menschen in Geschichten verstrickt, aber sie machen sie nicht selbst. Heute herrscht die Tendenz, die Bedeutung des Menschen als eines entscheidenden Faktors im heterogenen Geschichtsgeschehen zugunsten autonomer Strukturen oder anonymer Ursprungsmächte, wie die Sprache, die Macht, der Diskurs, das Feld der Zeichen, die Wirkungsgeschichte, die Superstrukturen als das Geflecht von Staatsapparat und Wirtschaft etc., abzuschwächen. Die übergreifende Frage nach dem Sinn der Geschichte wird dabei zumeist negativ beantwortet, wenn nicht sogar ausgeklammert.

Einstellung der Negativität

Aus den vorstehenden Bemerkungen erhellt, daß nach Schulz die philosophische Grunderfahrung der Gegenwart im ganzen nicht positiv, sondern tendenziell negativ bestimmt ist. Die Epoche des Abbaus der Metaphysik, der Verwissenschaftlichung und Technisierung der Natur und Lebenswelt, der Auflösung der Subjektivität und des Zusammenbruchs der Geschichtsphilosophie trägt das »Signum der Negativität«. Der Begriff Negativität steht vielfältigen Ausdeutungen offen. Unter Negativität darf einmal das gerade durch die modernen Wissenschaften vermittelte Bewußtsein von der Verlorenheit und Nichtigkeit des Menschen im unermeßlichen Universum, der Abwesenheit umfassender Sinnstrukturen, dem Verlust der ehedem durch die metaphysischen Totaldeutungen gewährten Sicherheit und Geborgenheit verstanden werden. Ferner meint Negativität die Einsicht darin, daß die Menschen nicht so sehr durch ihren Geist und die Vernunft, als vielmehr durch ihre Mängel und realen Nöte, ihre Triebschicht und ihr Machtstreben, ihre Endlichkeit und Zerbrechlichkeit bestimmt werden. Darüber hinaus meint Negativität ein aus der Ungesichertheit, Orientierungslosigkeit und Unübersichtlichkeit der gegenwärtigen Lage resultierendes Gefühl der Ohnmacht. Nicht zuletzt steht der Begriff Negativität aber auch für die Ratlosigkeit angesichts der konkreten Probleme etwa der Umweltverschmutzung, der Gentechnologie, der Atomkriegsgefahr, der Überbevölkerung und vieles andere mehr. Die unter dem Zeichen der Negativität stehende und erst in der Moderne und Gegenwart mit ganzer Wucht zutage getretene Ungesichertheit und Haltlosigkeit des Menschen ist zwar ein geistesgeschichtlicher Befund. Allerdings kommt hier nur zum Vorschein, was der Mensch seinem Wesen nach schon immer ist. In der Gegenwart sind wir geworden, was wir in Wahrheit seit jeher sind. Dies ist das Thema des sich in der Triade herausbildenden Grundgedankens. Die besagte Ungesichertheit und Haltlosigkeit des Menschen sind nur zwei Aspekte dieses Grundgedankens. Der Grundgedanke selbst hat sowohl geistesgeschichtlichen als auch systematischen Rang. Ihm kommt insofern eine geistesgeschichtliche Wertigkeit zu, als er sich erst in der Gegenwart unter der Bedingung des Zerfalls der überkommenen symbolischen und metaphysischen Deutungsmuster enthüllen konnte. Ihm eignet insofern ein systematischer Stellenwert, als er einen in sich bündigen Strukturzusammenhang aufspannt. Was aber ist nun der sich unter den Bedingungen des Endes der traditionellen Metaphysik, der Verwissenschaftlichung der Welt, der allmählichen Auflösung der Subjektivität und des Zusammenbruchs der Geschichtsphilosophie herauskristallisierende Grundgedanke von Schulz?

Der Grundgedanke des »Schwebens«

Der in der Triade entwickelte Grundgedanke tritt als eine eigen geartete Subjekt- und Reflexionsphilosophie heraus. Entgegen allen radikalen Destruktionsversuchen der Subjektivität hält Schulz obstinat am Begriff der Subjektivität fest. Nach der einen Seite hin widersetzt er sich der restlosen Auflösung der Subjektivität in ihr vorgängige Strukturen und Geschehensmächte, nach der anderen Seite hin bestreitet er aber auch die Existenz der absoluten Subjektivität. In der idealistischen Subjektphilosophie unterscheidet man gewöhnlich zwischen dem absoluten Subjekt und dem empirischen Subjekt. Das absolute Subjekt wird dabei dem empirischen Subjekt und der Welt vor- und übergeordnet. Die Welt und das empirische Subjekt gelten hier als Konstitutionsprodukte des absoluten Subjekts. Nach der Auffassung von Schulz allerdings »gibt es nur die empirische Subjektivität«. Die empirische Subjektivität ist immer schon die eines in der realen Welt existierenden Menschen. Sie wird von vielerlei Faktoren bestimmt. Zu den Bedingungen, von denen die Subjektivität abhängig ist und unter denen sie immer schon existiert, zählen – allgemein gesprochen – die Natur und der Leib, die Geschichte und die Gesellschaft. Nun mag die menschliche Subjektivität von vielfältigen Momenten abhängig und bestimmt sein, der Sachverhalt, daß sie zu reflektieren und sich ihrer selbst bewußt zu werden vermag, mit Vermögen ausgestattet ist, durch die sie sich auf die Welt und auf sich selbst richten sowie zu der Welt und zu sich selbst verhalten kann, ist »ein nicht abzuleugnendes Phänomen«. Das der Verständigung über sich selbst und seinen Ort in der Welt mächtige Subjekt ist zugleich ein Selbst- und Weltverhältnis. Der gleichursprüngliche Selbst- und Weltbezug gehört zu den grundlegenden Strukturen der menschlichen Subjektivität. Dabei meint Welt weder etwas schlicht Vorgegebenes noch etwas durch das Subjekt Gesetztes. »Ich und Welt« sind dialektisch in der Weise gegenseitiger Bedingung miteinander verflochten. Das menschliche Subjekt gilt hierbei zum einen als ein Teil der Welt und zum anderen als ein Gegenüber der Welt. Aber mag das menschliche Subjekt auch ein Teil der Welt sein, so ist es doch nicht fraglos in die Welt eingefügt, sondern »durch einen gebrochenen Weltbezug bestimmt.« Unter der Gebrochenheit des Weltbezuges versteht Schulz die Tatsache, daß das Selbst- und Weltverhältnis des Menschen nicht von Natur aus gegeben und die Selbst- und Weltverständigung des Menschen nicht eindeutig vorbestimmt ist. Durch die Gebrochenheit des Weltbezuges steht der Mensch in der Notwendigkeit, sein Selbst- und Weltverhältnis »ständig zu sichern und neu zu konstituieren«. Er muß sein Leben selbst führen und in der Welt, in der er aufgrund seines gebrochenen Weltbezuges nie wirklich zu Hause ist, seinen Standort sicherstellen. Dabei kann er sich auf ganz unterschiedliche Weise auf die Welt beziehen. Diese unterschiedlichen Beziehungsweisen gründen in der Tatsache seines gebrochenen Weltbezuges.

Nach Schulz wird die Beziehung des Menschen zur Welt von zwei gegensätzlichen »Grundtendenzen« und »Grundstimmungen« beherrscht. Die Grundtendenzen nennt er »Weltbindung« und »Weltdistanz«, die Grundstimmungen »Weltvertrauen« und »Weltangst«. Die beiden Gegenbegriffspaare haben eine vage und weite Bedeutung. Die Tendenz zur Weltbindung ist die unterschiedlich auslegbare Tendenz, sich an der Welt und ihrer Ordnung zu orientieren. Die Tendenz zur Weltbindung drängt den Menschen beispielsweise dazu, sich radikal in die Welt einzuordnen und als ein Weltstück, ein Seiendes unter Seiendem, ein naturhaftes Lebewesen zu begreifen oder sich selbstvergessen in der Arbeit oder Zerstreuung an die Welt und ihre Dinge zu verlieren oder sich an die in der Welt begegnenden Mitmenschen zu binden. Die Tendenz zur Weltdistanz ist die gleichfalls unterschiedlich auslegbare Tendenz, sich am Ich zu orientieren. Die Tendenz zur Weltdistanz treibt den Menschen beispielsweise dazu, sich weltlos in seiner eigenen Innerlichkeit einzunisten oder sich in Richtung auf eine uneingeschränkte Freiheit von allen welthaften Vorgegebenheiten abzulösen oder sich als außerweltlichen Sinngrund alles Welthaften zu verstehen. Ähnlich wie die Grundtendenzen können die Grundstimmungen in verschiedenen Formen auftreten. Wo der Mensch von der Grundstimmung des Weltvertrauens beherrscht wird, dort weiß er sich etwa in das physische Universum, die Lebenswelt oder Geschichte eingebettet und von diesen als von sinnhaften Totalitäten getragen. Bergend und schützend wie ein Baldachin spannt sich das physische Weltall oder die geschichtliche Lebenswelt um uns. Wo dagegen der Mensch von der Grundstimmung der Weltangst bestimmt wird, dort weiß er sich etwa in das absurde Ganze der Welt hineingeworfen oder in die sinnlose Geschichte hineingestellt. Die Weltangst kann im Bewußtsein seiner kosmischen Randstellung und Entbehrlichkeit gründen; sie kann aber auch durch reale Probleme, wie etwa Atomkriegsgefahr und Umweltverschmutzung, bedingt sein. Es gehört zu den Grundbestrebungen des Menschen, seine Weltangst und alles Befremdliche aufzuheben und sein Weltvertrauen zu stärken. In der Regel sind die Grundtendenzen und Grundstimmungen eher hintergründig und nahezu unbeachtet wirksam. Dabei ist den beiden Grundtendenzen nicht streng eine Grundstimmung zugeordnet. Sowohl die Tendenz zur Weltbindung als auch die Tendenz zur Weltdistanz können sich mit den Grundstimmungen Weltangst und Weltvertrauen verbinden. Solange das Ganze der Welt als ein in der Natur, Gott oder dem Subjekt gegründeter sinnhafter Ordnungszusammenhang begriffen wird, dominiert das Weltvertrauen. Wo allerdings die traditionelle Metaphysik zerfällt, die Fügung Gottes und die Macht der Vernunft in Frage gestellt sind, dort gewinnt die Weltangst an Boden. Allerdings gelten heute nicht mehr so sehr die metaphysischen Probleme, sondern vielmehr die konkreten Probleme etwa der Ökologie und der Überbevölkerung als bedrückend. Aus systematischer Perspektive muß festgestellt werden, daß die der Selbst- und Weltverständigung bedürftige und mächtige endliche Sub-

Name

Vollständige Anschrift (bitte deutlich schreiben!)

Möchten Sie in Zukunft unverbindlich über unsere Neuerscheinungen orientiert werden? Dann senden Sie uns diese Karte bitte ausgefüllt zurück, damit wir Ihre Anschrift in unsere Kartei aufnehmen und Ihnen laufend die neuesten Prospekte zuschicken können. Wenn Sie sich für ein bestimmtes Gebiet besonders interessieren, unterstreichen Sie bitte eine der unten angegebenen Verlagsgruppen.

Diese Karte entnahm ich dem Buch

Ich schlage vor, Prospekte auch an folgende Anschriften zu schicken:

Philosophie – Rechts-, Staats- und Wirtschaftswissenschaft – Literaturwissenschaft – Psychiatrie – Theologie – Moderne Dichtung, Erzählung, Kunst – Sprechplatten – Bildbände – Reihen »Opuscula/ Aus Wissenschaft und Dichtung«, »Politik in unserer Zeit«, »Res publica« – Lyrik: Sammlung »Schwarz auf Weiß«

AN DEN
VERLAG GÜNTHER NESKE
POSTFACH 7240
7417 PFULLINGEN

jektivität unmöglich eine der beiden Grundtendenzen und Grundstimmungen zu negieren oder zu eliminieren vermag. Die menschliche Subjektivität ist so geartet, daß sie jederzeit von der Tendenz zur Weltbindung und Weltdistanz getrieben sowie von der Grundstimmung des Weltvertrauens und der Weltangst heimgesucht werden kann. Allerdings bleibt Schulz bei dieser Feststellung nicht stehen. Er begreift die menschliche Subjektivität nicht nur als eine solche, die sich das eine Mal an der Welt und das andere Mal an sich selbst orientiert, sondern überdies als eine solche, die bei diesen gegensätzlichen Orientierungsversuchen weder an der Welt noch an sich selbst sicheren Halt findet.

Nicht weil die Welt dem Subjekt keinen Halt gewähren kann, bleibt das Subjekt im letzten ungesichert und haltlos, sondern vielmehr umgekehrt, weil das Subjekt in sich selbst haltlos und ungesichert ist, können die Welt und das Ich dem Subjekt keinen sicheren Halt geben. Versucht das endliche Subjekt zunächst sich durch sich selbst zu sichern, so muß es entdecken, daß es in sich selbst keinen Halt findet. Deshalb wendet es sich in der Folge an die Welt, die aber letztlich auch keine Sicherheit bietet. Daraufhin kehrt es sich wieder sich selbst zu, ohne in sich zur Ruhe zu kommen. Dies veranlaßt das Subjekt erneut, zur Welt zurückzukehren, die aber nach wie vor keine verläßliche Orientierung zu geben vermag. Das sich jeder endgültigen Fixierung entziehende Hin und Her zwischen Ich und Welt nennt Schulz »Schweben«. Das endliche Subjekt schwebt gleichsam ortlos zwischen Ich und Welt. Das Schweben hat den abwehrenden Sinn des Nichtfestgelegtseins. Das Subjekt ist seinem Wesen nach »das Nichtfestgelegtsein, das Ortslossein, das Schweben.« Das Schweben läßt jede Gewißheit immer wieder fraglich werden. Schulz kennzeichnet das Schweben auch als problematisierendes Denken. Charakteristisch für das problematisierende Denken sind ein infinites Weiterfragen und Reflektieren. Es liegt in der Eigenart des Problematisierens, Reflektierens, Weiter- und Hinterfragens, über alles Festgelegte hinauszugehen und dabei zu keinem Abschluß zu kommen. Zwar versucht das endliche Subjekt stets sein Nichtfestgelegtsein aufzuheben oder zumindest einzuschränken. Aber das problematisierende und hinterfragende Reflektieren legt immer wieder sein Nichtfestgelegtsein frei, bringt das Subjekt ins Schweben und stürzt es ins Haltlose. Das problematisierende Reflektieren ist sowohl »Zeichen der Macht der Subjektivität, alles übersteigen zu können«. Es ist aber zugleich auch »Zeichen ihrer Ohnmacht: die Subjektivität findet keinen Halt.« Indem sich das endliche Subjekt aus sich heraus durch das reflektierende Problematisieren ins Schweben bringt, vollzieht es mit Bewußtsein, was es auf seinem Grunde immer schon ist, nämlich Nichtfestgelegtsein, Ungesichertheit und Haltlosigkeit. Im Alltagsleben und in der traditionellen Metaphysik sind diese Zustände tendenziell zurückgedrängt und verdeckt. Sie können erst dort handgreiflich und wirksam werden, wo wir aus der Fraglosigkeit der Alltäglichkeit heraustreten und die Möglichkeit der Sicherung des Menschen in der Welt durch die traditionelle Metaphysik fraglich geworden ist. Die traditionelle Metaphysik, die von einem unhinterfragten Absoluten – Natur, Gott, absolute Subjektivität – ausgeht, von dem her sie die Welt eindeutig in Ordnung setzt, ist eine Metaphysik der Orientierung gebenden gesicherten und festgelegten Standorte. Der Metaphysik der eindeutigen Ortsbestimmung stellt Schulz seine Metaphysik des ortlosen Schwebens gegenüber. In der Metaphysik des Schwebens überlebt in aufgehobener Form die traditionelle Metaphysik der Orientierung verleihenden abgesicherten Standorte ihr Ende.

Die Formel ›Metaphysik des Schwebens‹ gibt dem zweiten der drei Meisterwerke von Schulz seinen Titel. Sie findet sich aber bereits im ersten Band ›Ich und Welt‹ als Kapitelüberschrift vor und bildet gleichsam die Losung des dritten Bandes ›Grundprobleme der Ethik‹. Sicherlich ist der Buchtitel ›Metaphysik des Schwebens‹ aus dem Text heraus verständlich und gerechtfertigt, dennoch aber irreführend und unvorteilhaft. Treffend bemerkt Schulz immer wieder, daß heute die traditionelle Metaphysik kaum mehr von Interesse ist. Wenn dies stimmt, dann werden wohl gegenwärtig auch die Bücher, die den Ausdruck Metaphysik im Titel führen, keine allzu große Aufmerksamkeit erwarten dürfen. Umso mehr muß es verwundern, daß Schulz den Begriff Metaphysik zum Buchtitel wählt, zumal das, was er ›Metaphysik‹ nennt, gerade nicht das meint, was gewöhnlich unter Metaphysik verstanden wird. Er begreift die Metaphysik des Schwebens als das von den beiden Grundtendenzen und Grundstimmungen beherrschte problematisierende und haltlose Reflektieren. Daher wäre es vermutlich angebrachter gewesen, das Buch ›Metaphysik des Schwebens‹ etwa ›Die haltlose Reflexion‹ zu nennen.

Mit dem Gedanken von der durch zwei Grundtendenzen und Grundstimmungen bestimmten haltlosen Reflexion geht Schulz tendenziell über sein Frühwerk hinaus. In seinem Frühwerk überschreitet er in Anknüpfung vor allem an den späten Schelling, aber auch mit Bezug auf viele andere Philosophen der Neuzeit und Gegenwart – etwa Fichte, Kierkegaard, Heidegger – die absolute Reflexion auf die endliche Reflexion. Zwei Aspekte sind für diesen Überschritt charakteristisch: erstens die Einsicht darin, daß sich die Subjektivität oder Vernunft nicht zu sich selbst zu vermitteln vermag, d. h. sich nicht durch sich selbst setzen kann, weil sie letztlich ohne eigenes Zutun in ihr faktisches Existieren gekommen ist; zweitens die Einsicht darin, daß es keine absolute Subjektivität von gleichsam göttlicher Dignität, sondern immer nur menschlich bedingte und begrenzte, individuelle und je eigene Subjektivität gibt. In der Triade baut Schulz die die absolute Reflexion überschreitende endliche Reflexion zur haltlosen Reflexion aus.

Die haltlose Reflexion verflüssigt alles fix Vorgegebene und hinterfragt es bis ins letzte. Sie hat für die Behandlung der herkömmlichen metaphysischen, ästhetischen und ethischen Fragen sowohl eine positive als auch eine negative Bedeutung. Ihre positive Bedeutung hinsichtlich der traditionellen metaphysischen Fragen nach dem Ganzen und Letzten besteht darin, daß sie über die Alltags- und Wissenschaftswelt hinausfragt. Ihre negative Bedeutung liegt hingegen darin, daß sie hinsichtlich des Ganzen und Letzten nicht mehr in einer Oberwelt oder in einem Absoluten zur Ruhe kommt und festen Stand nimmt. Zwar gibt es auch noch heute »höhere Bedürfnisse« und ist der Glaube, daß die Wissenschaft die »Welträtsel« löst, weithin verloren. Aber ein Einblick in das dem Menschen Sicherheit gewährende Ganze und Letzte ist auch der philosophischen Reflexion verwehrt. Die alles überfragende Reflexion ersehnt zwar als Metaphysik des Schwebens einen sicheren Halt und einen festen Ort, weiß aber im Gegensatz zur traditionellen Metaphysik, daß sie im Sinne der Seinsgeborgenheit unerreichbar sind. Die sich zu den traditionellen metaphysischen Fragen zweideutig verhaltende haltlose Reflexion bringt sich selbst vor allem in der Gegenwartskunst zur Darstellung. Auch die Kunst hebt sich aus der Alltags- und Wissenschaftswelt heraus und bringt die Welt und das Selbst »in die Schwebe«. Tendenziell erfüllt sie dabei die höheren Bedürfnisse, ohne daß sie Anspruch auf allgemeinverbindliche Deutung des Ganzen erhebt. Die von der Alltäglichkeit und Wissenschaft häufig als scheinhaft und irreal deklarierte Kunst übersteigt den Alltag und die Wissenschaft, ohne irgendwo einen sicheren Ort finden und eine letzte Orientierung geben zu können. Ihre positive Bedeutung liegt im Überstieg über alles Endgültige und Feste, ihre negative Bedeutung hingegen in der Tatsache, daß sie keinen sicheren Halt mehr kennt.

Ähnlich zweideutig wie zu den traditionellen metaphysischen und ästhetischen Fragen verhält sich die haltlose Reflexion auch zu den Grundproblemen der Ethik. Hier besteht ihre negative Bedeutung darin, daß sie die überkommenen ethischen Leitlinien der vertrauten Lebenswelt in Frage stellt, die unterschiedlichen ethischen Letztbegründungen in Zweifel zieht, die diskursethischen Selbstbeschränkungen auf formale Konsensprinzipien der Kritik unterwirft und die traditionelle praktische Philosophie als unzeitgemäß problematisiert.

Dagegen basiert ihre positive Bedeutung darauf, daß sie heute, wo die geschichtlich überkommenen und angeblich letztbegründeten ethischen Leitlinien nicht mehr eindeutig verbindlich erscheinen, der einzige Weg ist, Möglichkeiten zu suchen, wie die gegenwärtig vorherrschende Negativität vermindert und die bedrängenden Fragen der Gegenwart behandelt werden können. Vor dem Hintergrund der Metaphysik des Schwebens ist nur eine auf absolute Lösungen verzichtende, zwischen »Engagement und Resignation« schwankende »reflektierende Ethik« möglich. Sie hat sich für das Leben zu engagieren. Ihr letzter Maßstab ist aber nicht der Erfolg. Zuletzt tritt somit der vor allem für metaphysische, ästhetische und ethische Fragen relevante Grundgedanke von Schulz, nämlich die Philosophie des von zwei gegensätzlichen Grundstimmungen und Grundtendenzen beherrschenden ortlosen Schwebens und alles überschreitenden haltlosen Reflektierens, weder als ein fröhliches noch als ein verzweifeltes, sondern eher als ein trauriges Wissen heraus.

Die Grundstruktur der Triade

Mit wechselnden Akzentuierungen durchzieht der im Grundriß dargestellte Grundgedanke die drei Schriften ›Ich und Welt‹, ›Metaphysik des Schwebens‹ und ›Grundprobleme der Ethik‹. Im Zentrum von ›Ich und Welt‹ stehen die beiden Grundtendenzen zur Weltbindung und Weltdistanz. Sie sind gleichsam die Fluchtlinie, in die die unterschiedlichen Selbst- und Welterschließungen des abendländischen Denkens bis hin zur Gegenwart hineingesehen werden. Dagegen rückt Schulz in ›Metaphysik des Schwebens‹ die Kunst und Ästhetik in den Fokus der Betrachtung. Dabei sieht er vor allem in der Gegenwartskunst, die sich dogmatischer Wahrheitsansprüche und eindeutiger Fixierungen des Selbst- und Weltbezuges begibt, die haltlose Reflexion und das ortlose Schweben am Werke. Gerade diese Schrift dürfte nicht nur für philosophisch Interessierte, sondern auch für Kunstgeschichtler und Literaturwissenschaftler von größtem Interesse sein. Denn Schulz behandelt hier nicht nur die zentralen Grundauffassungen der Philosophen zur Ästhetik, sondern auch eine Reihe vor allem moderner Kunstwerke. So zeichnet er etwa die Entwicklung des modernen Romans von Fontane und Keller bis zu Joyce und Beckett unter dem Gesichtspunkt des Wandels des Selbst- und Weltbezuges nach.

Ähnlich weitläufig ist die dritte Schrift ›Grundprobleme der Ethik‹. Vor dem Hintergrund der Philosophie der haltlosen Reflexion rekonstruiert Schulz den Verlauf der Geschichte der gesamten abendländischen Ethik bis hin zur Gegenwart. Dabei macht er deutlich, warum es bloß eine zwischen Resignation und Engagement schwebende reflektierende Ethik geben kann. Sie kann infolge der grundsätzlichen Ungebundenheit der Reflexion und Unbestimmtheit der menschlichen Subjektivität immer nur vorläufige Geltung beanspruchen. Auch dieses umfangreiche Werk hat nicht nur etwas dem philosophisch Interessierten, sondern überdies all denen zu sagen, die nach Auswegen aus den realen Problemen der Gegenwart – Gentechnologie, Atomkraft, Umwelt etc. – suchen, sich mit Fragen der Politik und der Ethik beschäftigen und selbst ins politische und öffentliche Leben verstrickt sind. Es ist unmöglich, vor Ort einen angemessenen Eindruck von der Fülle der Darstellungen der ausgewählten Positionen aus der gesamten europäischen Geistesgeschichte zu vermitteln.

Nur soviel sei herausgestellt: Wie schon in seinen früheren Werken ist es Schulz auch in der Triade, wo er seinen eigenen Grundgedanken auf vielfältige Weise zum Tragen bringt, wieder gelungen, im Weitläufigen knapp und gut leserlich zu bleiben und komplexe Zusammenhänge spannend, elegant und luzide darzustellen. Besonders hervorzuheben sind neben den Darlegungen zur Geschichte der Ethik und des Kunstverständnisses, die lehrreichen Untersuchungen zum Wandel des Naturbegriffes von Platon bis Planck, des Geschichtsbegriffes von der jüdischen Eschatologie bis Foucault und des

Subjektbegriffes von Descartes bis Derrida. Gleichviel, welcher philosophischen Schule man sich auch zugehörig fühlt und wie weit man im Studium der Philosophie schon fortgeschritten ist, es ist wohl keine Übertreibung zu sagen, daß die Triade jedem philosophisch Interessierten – auch dem Anfänger und Laien – Einblicke in die Architektonik unserer bisher unbegriffenen Gegenwart gestattet.

Von Hegel stammt das berühmte Diktum, Philosophie sei ihre Zeit in Gedanken erfaßt. Angesichts der Vieldeutigkeit und Unübersichtlichkeit unserer Zeit kann gegenwärtig nur noch von wenigen Philosophien behauptet werden, daß sie dieses Diktum erfüllen und mithin unsere verworrene Wirklichkeit mit Erfolg einem klaren Begriff unterwerfen. Zu diesen wenigen ausgezeichneten Philosophien gehört zweifelsohne die von Walter Schulz. Die mit einer Negativdiagnose der Gegenwart verbundene Philosophie der haltlosen Reflexion steht uns noch bevor, weil wir – ohne es zu wissen – schon in ihr sind.

Der Autor

Franz Josef Wetz, geboren 1958; Studium der Philosophie, Theologie und Germanistik; 1984 Erstes Staatsexamen für das Lehramt an Gymnasien; 1985 Magister der Philosophie; seit 1986 wissenschaftlicher Mitarbeiter von Prof. Dr. Odo Marquard am Zentrum für Philosophie und Grundlagen der Wissenschaft der Justus-Liebig-Universität Gießen; 1989 Promotion im Fach Philosophie mit der Dissertation: Das nackte Daß. Zur Frage der Faktizität; 1989 Dissertationsauszeichnung der Justus-Liebig-Universität Gießen.

WALTER SCHULZ, 1912 in Gnadenfeld/Oberschlesien geboren, studierte in Magdeburg, Breslau und Leipzig Philosophie, Theologie und Klassische Philologie, promovierte 1943 über »Seele und Sein. Interpretationen zum Platonischen Phaidon«, habilitierte sich 1951 in Heidelberg bei Hans-Georg Gadamer und lehrte von 1955 bis zu seiner Emeritierung 1978 als Ordinarius für Philosophie an der Universität Tübingen. Walter Schulz lebt in Tübingen.

Im Neske-Verlag sind bisher folgende Werke des Autors erschienen:

»Der Gott der neuzeitlichen Metaphysik«
1957, 7. Auflage 1982, 116 Seiten, kartoniert
»Wittgenstein – Die Negation der Philosophie«
1967, 2. Auflage 1979, 114 Seiten, kartoniert
»Johann Gottlieb Fichte – Vernunft und Freiheit«
»Sören Kierkegaard – Existenz und System«
Neuausgabe 1977, 70 Seiten, kartoniert
»Philosophie in der veränderten Welt«
1972, 5. Auflage 1984, 908 Seiten, Leinen
»Die Vollendung des Deutschen Idealismus in der Spätphilosophie Schellings«
2., um zwei Beiträge erweiterte Auflage 1975,
320 Seiten, Leinen
»Ich und Welt« – Philosophie der Subjektivität«
1979, 278 Seiten, Leinen
»Metaphysik des Schwebens – Untersuchungen zur Geschichte der Ästhetik«, 1985, 527 Seiten, Leinen
»Grundprobleme der Ethik«,
1989, 439 Seiten, Leinen.

Im Frühjahr 1990 erscheint

Franz Josef Wetz
Das nackte Daß

Zur Frage der Faktizität
290 Seiten, Leinen

Warum ist überhaupt Seiendes, warum bin ich – ein Seiendes unter Seiendem – überhaupt? Dies ist eine uns über die Alltäglichkeit erhebende letzte Frage. In der traditionellen Metaphysik unterscheidet man bei einem Seienden zwischen dem, was es ist, und dem, daß es ist. Mit Blick auf diese Tradition darf gesagt werden, daß die letzte Warumfrage gleichsam das Daß der welthaften Tatsachen oder Sachverhalte ihrem Was überordnet und dieses Daß zum Letztfragwürdigen erhebt. Im abendländischen Denken gingen zumeist die Antworten dieser Frage voraus. Daher blieb sie gewöhnlich verdeckt. Als allerdings erkannt wurde, daß sie sich innerhalb der Philosophie nicht verbindlich beantworten läßt, begann der Einsturz der großen Antworten auf diese Frage, der mit ihrer Verbannung endete. Sie ist unter Sinnlosigkeitsverdacht geraten und steht gegenwärtig auf dem wissenschaftstheoretischen Index der verbotenen Fragen. Gegen diese überstürzte Einschätzung der letzten Warumfrage als eines an den Sprachgebrauch gebundenen Scheinproblems erhebt dieses Buch Einspruch.
Allgemein handelt es sich um eine philosophiehistorische Studie in systematischer Absicht. Aus ausgewähl-

ten Positionen der gesamten europäischen Philosophiegeschichte arbeitet sie (Teil I und Teil II) die verschiedenen Gestalten der dort implizit oder explizit gestellten Frage ›warum ist überhaupt Seiendes?‹ heraus, um sie im abschließenden – systematischen – Teil III in der Form einer Sinn- und Geltungsreflexion ausdrücklich zu exponieren. Die letzte Warumfrage stellen heißt, das »nackte Daß« vergegenwärtigen. Für dieses wird der philosophische Terminus »Faktizität« vergeben. In der Sinn- und Geltungsreflexion kommt der Verfasser zu dem Ergebnis, daß die das »nackte Daß« eröffnende letzte Warumfrage philosophisch gestellt werden muß, aber nicht philosophisch beantwortet werden kann. Er verteidigt sie als legitime philosophische Frage sowohl gegen die Versuche, sie innerhalb der Tatsachenwissenschaften und der Philosophie allgemeinverbindlich zu beantworten, als auch gegen die umgekehrten Versuche, sie der Sinnlosigkeit zu überführen.

Opuscula
aus Wissenschaft und Dichtung

1 Martin Heidegger
Die Technik und die Kehre

2 Beda Allemann
Gottfried Benn

3 Walter Schulz
Johann Gottlieb Fichte

4 Hans Mayer
Dürrenmatt und Frisch

6 Eugen Gottlob Winkler
Legenden einer Reise

7 Wolfgang Hildesheimer
Mozart

8 Walter Jens
Literatur und Politik

9 Hertha Koenig
Rilkes Mutter

10 Walter Bröcker
Das was kommt, gesehen von Nietzsche und Hölderlin

11 Gerhard Hildmann
Fernsehen – ein Trojanisches Pferd?

12 Hans Paeschke
Rudolf Kassner

13 Hap Grieshaber
Rotkäppchen und der Maler

14 Helmuth Plessner
Conditio humana

15 Gerhard Schramm
Belebte Materie

16 Erich v. Kahler
Stefan George

17 Arnold Metzger
Automation und Autonomie

18 Benno v. Wiese
Friedrich Schiller

21 Walter Jens
Euripides – Büchner

23 Wolfgang Schadewaldt
Der Gott von Delphi und die Humanitätsidee

24 Friedhelm Kemp
Kunst und Vergnügen des Übersetzens

25 Friedrich Edding
Bildung und Politik

26 André Breton
Nadja

27 Georg Lukács
Der junge Marx

Verlag Günther Neske Pfullingen

Opuscula
aus Wissenschaft und Dichtung

29 Hans Mayer
Anmerkungen zu Sartre

31 Richard Brinkmann
Nachtwachen
von Bonaventura
Kehrseite der Frühromantik?

32 Hans Joachim Schrimpf
Goethe
Spätzeit, Altersstil, Zeitkritik

33 Wolfgang Schadewaldt
Winckelmann und Rilke
Zwei Deutungen des
Apollon

34 Walter Schulz
Sören Kierkegaard
Existenz und System

35 Arnold Metzger
Der Einzelne und der
Einsame.

36 Walter Strolz
Hiobs Auflehnung
gegen Gott

37 Walter Migge
Clemens Brentano

38 Walter Jens
Das Testament des
Odysseus

39 Marcel Reich-Ranicki
Die Ungeliebten

41 Walter Jens
Die Götter sind sterblich

42 Ernst Bloch
Recht, Moral, Staat

43 Hermann Hesse
Beschreibung
einer Landschaft

44 Isaak Babel
Petersburg 1918

45 Heinrich Buhr
Hölderlin und
Jesus von Nazareth

46 Rudolf Kassner
Der Einzelne und
der Kollektivmensch

47 Leonhard Brosch
Kafka und Prag

48 Erich Ruprecht
Geist und Denkart
der romantischen
Bewegung

49 Manfred Frank
Gianfranco Soldati:
Wittgenstein –
Literat und Philosoph

50 Manfred Frank
Zeitbewußtsein

Die Reihe wird fortgesetzt

Verlag Günther Neske Pfullingen